तुम से मोहब्बत

R. Thakran

BookLeaf Publishing
India | USA | UK

Made with ❤ on the BookLeaf Publishing Platform
www.bookleafpub.in
www.bookleafpub.com

Dedication

For the essence of love

Preface

पहले इश्क़ में थे, फिर इश्क़ हुए,
जान से गए जाविदाँ हो गए,
इबादत करते-करते एक दूजे की
हम खुद खुदा हो गए।

Acknowledgements

कुछ तारीफ़ इस कलम की भी तो बनती है,
जिसने खूबसूरती उनकी, लफ्ज़ों में पिरोई है।
लिखा फिर हमने पढ़कर उनको,
इसने जगाया है मुझे, जब-जब वो लड़की सोई है।
मैं लिखना चाहूँ उसका नाम, ये 'मोहब्बत' लिखती है,
खैर मोहब्बत भी वही है, थोड़ी ना और कोई है।
मुस्कुराता देख उसे, इसने ग़ज़लें भी लिखी हैं,
चेहरा देख उदास उनका, फिर ये कलम भी तो रोई है।
कुछ तारीफ़ इस कलम की भी तो बनती है,
जिसने खूबसूरती उनकी, लफ्ज़ों में पिरोई है।

1. पहली मुलाक़ात

महक जो तुम अपनी मेरे कंधे पर छोड़ गए हो,
छोड़ गए हो हमें यूँ ही या फिर मिलने फिर आओगे।
बिगाड़ दिया है तुम्हें हमारे प्यार ने... राब्ता रखोगे हमसे या फिर संभल जाओगे?
लगते हो तुम कुछ दीवाने से
लगते हो तुम कुछ दीवाने से... संभलने का इरादा है?
दरिया में पैर ज़रा संभल के रखना... बहाव अबकी बार इश्क़ का थोड़ा ज़्यादा है।
ये रस्म-ओ-रिवाज़ तोड़ देंगे हम दुनिया की,
रखेंगे तुम्हें ही दिल में... चलो ये भी फिर वादा है।
वादा ये हमारा है... तुम ना कोई फ़िक्र करना,
कोई छेड़े किस्सा मोहब्बत का... तुम चेहरे पर वो प्यारी सी हंसी रखना, ना हमारा ज़िक्र करना।
ये कैसे मुमकिन है तुम चुरा लो दिल हमारा और इल्ज़ाम ना आए,
किस्सा इश्क़ का छिड़े महफ़िल में और तेरा नाम ना आए।
बातें मदहोशी की हों हाथों में जाम ना आए... नशे में डूब जाने को आँखें तेरी काम ना आएँ!!
चलो छोड़ो जाने दो ना करो ज़िक्र उनकी आँखों का... वो तो अलग सा इज़हार देती हैं।

शराब में तो डूब के भी बचे हैं हम कई दफ़े,
आँखें तो सुना है उनकी... मार देती हैं।

2. उनकी मोहब्बत, रब की रहमत

ज़ुल्फ़ों को लहराता देख उनकी
दिल का ईमान नहीं रहता,
लफ़्ज़ जो निकलते हैं उनके लबों से,
शख़्स फिर कोई बेज़ुबान नहीं रहता।
हमने तो बसाया है उनको दिल-ओ-जान में मगर...
उनके दिल में ये मेहमान नहीं रहता,
कुछ नूर ही ऐसा है उनकी खुदाई का
साथ रह कर उनके... इंसान इंसान नहीं रहता।

3. सजदा-ए-मोहब्बत

हर दर से, हर शख़्स से हारा, जैसे **ख़ुदा** की फ़रियाद करता है,
लाख ज़ख़्म खाने के बाद सुकून के लिए, वो **तुझे** याद करता है।
तुझे ही ढूँढता है वो हर बात में अब सबसे पहले
बाक़ी काम वो अब **तेरे बाद** करता है।
झुकता देख कर सर मेरा सजदों में तेरे,
अब तो ख़ुदा भी नाराज़ है हमसे कि...
"मुझे भी तू याद, **उसके बाद** करता है।"

4. नशा-ए-इश्क़

छोड़ दूँ अगर शराब... फिर **सुरूर** कैसे रहे,
चख लिया उनके होठों को एक बार... फिर अब **दूर** कैसे रहे।
संभल तो जाऊँ मैं उनके नशे में भी मगर,
नशीले लबों पे 'हुज़ूर' को... फिर ये **गुरूर** कैसे रहे
छोड़ दूँ अगर शराब... फिर **सुरूर** कैसे रहे

5. शायर का ख्वाब

एक शायर के लिए ये ख़्वाब ही तो है...
उसकी शायरी सा कोई उसका अज़ीज़ हो जाए,
कोई उसकी वो प्यारी सी नज़्म बन जाए,
कुछ ऐसा उसका नसीब हो जाए।
जुड़े होते हैं जैसे उसके जज़्बात कागज़ पर,
ज़्यादा नहीं... कोई सांसों के इतने करीब हो जाए
एक शायर के लिए ये ख़्वाब ही तो है...
उसकी शायरी सा कोई उसका अज़ीज़ हो जाए

6. आँखों की मधुशाला

कुछ तो खेली थी इश्क़ में उसने चाल शतरंज की...
यूँ ही तो बाजी हम इश्क़ की नहीं हारे।
नशा ज़्यादा है उसकी आँखों का... तेरी शराब से... ऐ साकी...
यूँ ही तो... लाखों आशिक़ उसने... नज़रों से नहीं मारे।

7. तुम हमारे होते

काश तुम हमारे होते...
काश तुम हमारे होते, तेरे दामन में ये चाँद-सितारे होते
तुम हवा सी बनकर लहराती,
साँस भी तेरे सहारे होते
मैं सागर, तुम नदी सी मिलती मुझमें,
फिर क्यों ये समंदर खारे होते
होती कुछ मशहूर इश्क की यूँ कहानी अपनी,
चर्चे बस तेरे-मेरे बारे होते
लाखों में तुम बस मुझे चुनतीं,
हम फिर तेरे होते... बाकी सब कुंवारे होते

८. दिलनशीं

एक तो उसका हुस्न दिलनशीं है,
फिर उसने होठों पे भी हँसी रखी है
एक वो वाकई खूबसूरत है,
एक फिर मैंने शराब पी रखी है
एक चाहत उम्र थोड़ी उसके संग बीते,
थोड़ी मैंने अकेले जी रखी है
एक जाम वो आँखों से पिलाए तो बहकूँ मैं,
मयखाने से तो मैंने बहुत पी रखी है।

9. दूजा इश्क

नशा तेरी भीनी-भीनी खुशबू का उतरे...
फिर कहीं शराब सहारा हो
नशा तेरी भीनी-भीनी खुशबू का उतरे... फिर कहीं शराब सहारा हो,
खुमार वो तेरी अधूरी मोहब्बत का उतरे...
फिर कहीं हमें इश्क दोबारा हो
वो आकर गवाही दे कि उसके नहीं हैं अब हम,
वो आकर गवाही दे कि उसके नहीं हैं अब हम...
जा के कहीं फिर कोई शख्स हमारा हो।

10. शहर-ए-मोहब्बत

दर्द है? या दवा है?
ये कैसी तेरे शहर की हवा है...
कोहरे की चादर यूँ लिपटी है राहों से,
मानो जलते आशिक़ों के दिल का धुआँ है
और उम्रदराज़ से हैं लोग... जो नहीं हैं इश्क़ से वाकिफ़,
आशिक़ मगर... सदियों से यहाँ जवाँ हैं
हुस्न-ए-दिलनशीं के भी चर्चे हैं हर गली में,
ज़ूरूर ये तेरे होने के निशां हैं।

11. बे-वजह

तेरी यादों का करके... बहाने आते हैं,
ग़म तेरे यूँ मुझको सताने आते हैं
चाँद था जो मेरा... बिछड़ गया है मुझसे,
तारे ये मुझको बताने आते हैं
रिश्ता तो दिल से... निभाया बस तुमने,
बाकी लोग तो बस... हक जताने आते हैं
एक तू है... जो... बेवजह रहा सदा मेरा,
वरना सबको दूर हो जाने के... बहाने आते हैं।

12. हश्र-ए-इश्क़

इतना न चाहो हमें... कि सजदे में सर हो जाए,
इतना न चाहो हमें... कि सजदे में सर हो जाए
दूर रह कर न तड़पाओ इस कदर...
कि हर दवा बेअसर हो जाए
कुछ ऐसा तू **मर्ज़** बन... इश्क़ की **तर्ज़** बन... वफ़ा का **कर्ज़** बन...
कि पूरी सब कसर हो जाए
इस कदर कर इश्क़ तू इस दफ़ा...
इश्क़ का आशिकों सा **हश्र** हो जाए,
इश्क़ का आशिकों सा हश्र हो जाए।

13. शायर की मोहब्बत

हाल इस कदर हमने अब तक सँवारे नहीं हैं,
हाल इस कदर हमने अब तक सँवारे नहीं हैं,
हम उन्हीं के हैं अब तक... जो हमारे नहीं हैं
बस गया है इस कदर वो इन आँखों में,
आँसू भी अब इनके... खारे नहीं हैं
जीता क्या इक दफ़ा उसने दिल ये हमारा...
वो दिल हम किसी पर... अब तक हारे नहीं हैं
यूँ तरस न खाओ तुम देख कर हालत हमारी,
इश्क़ के मारे हैं... बेचारे नहीं हैं
वो कहते हैं हम भुला देंगे उनको पुरानी आशिकी की तरह,
वो कहते हैं हम भुला देंगे उनको पुरानी आशिकी की तरह,
लगता है किसी शायर से वो... दिल हारे नहीं हैं।

14. खूबसूरत

ये न पूछो... कि कब से खूबसूरत लगते हो,
पहली दफ़ा जब मिले थे... तब से खूबसूरत लगते हो
यकीनन थे तब भी खूबसूरत... जब नहीं थी मोहब्बत तुमसे,
जब से इश्क हुआ है..**सबसे** खूबसूरत लगते हो
ये न पूछो... कि कब से खूबसूरत लगते हो,
पहली दफ़ा जब मिले थे... तब से खूबसूरत लगते हो

15. मोहब्बत

न होती अगर मोहब्बत वो... खूबसूरत कोई अदा होती,
हर तरफ फूलों में महकती... खुशबू हर जगह होती
बन कर मुस्कुराहट चेहरे पर चहकती... खुशी जैसे... बेवजह होती,
कर लेती जो कैद दिल को... पिंजरे में मोहब्बत के,
खूबसूरत सी... ऐसी कोई सजा होती
अब मोहब्बत में ये खुशियाँ उसके होने से ही हैं,
वो अगर मोहब्बत न होती... मोहब्बत फिर सजा होती।

16. मसला-ए-मोहब्बत

बिना महबूब के... सुकून के पल भी नहीं मिलते,
मोहब्बत में इन मसलों के हल भी नहीं मिलते
उसके बगैर दिल हमारा आए भी तो कैसे किसी और पर,
इस कदर खूबसूरत हैं... उनके तो **हमशक्ल** भी नहीं मिलते।

17. गंगा का पानी

किस दुनिया किस जहाँ से नाता रखती हो,
तुम मोहब्बत, तुम इश्क़, रवानी लगती हो
बेइंतिहा खूबसूरत जैसे खुदा की मूरत,
तुम तो जैसे परियों की कहानी लगती हो
आसमान में चाँद जैसे बादलों से झाँके,
तुम ऐसी रात दीवानी लगती हो
रहती हो हर वक़्त जुबां पर दीवानों के,
इश्क़ की मशहूर कहानी लगती हो
वो जो करीब तो है मगर नसीब में नहीं,
अपनी सी तुम... चीज़ बेगानी लगती हो
तुझमें बिखर कर मैं निखर सा जाता हूँ,
तुम तो जैसे **गंगा का पानी** लगती हो

18. मरहम

मोहब्बत तुमसे शुरू होती है,
इश्क़ तुम पर खत्म होता है
खूबसूरती की मिसाल में तुझको बस "हुस्न" लिख दूँ,
आशिक़ों के दिल पर सितम होता है
तेरा तो अगर हाथ भी पड़ जाए ज़ख्मों पर,
तेरा तो अगर हाथ भी पड़ जाए ज़ख्मों पर,
ज़ख्मों पर, वो मरहम होता है
दिल-विल, प्यार-व्यार क्या-क्या लुटाएँ तुझ पर,
दिल-विल, प्यार-व्यार क्या-क्या लुटाएँ तुझ पर,
तुझ पर तो,**मर जाना भी कम** होता है।

19. शायर की शायरी

हर शायरी में तुम ये ज़िक्र जिसका करते हो,
खूबसूरत वो हुस्ना... कहीं देखी-देखी लगती है
आशिक़ों की चाहत के दिल उसके हाथों टूटे,
उसके खातिर तो ये..**नेकी-नेकी** लगती है
जब वो गुज़रे महफ़िल से... तो... आशिक़ बोलें,
तुम्हारी लिखी शायरी... कहीं देखी-देखी लगती है।

20. इल्ज़ाम-ए-मोहब्बत

मेरी नज़रों का ये तुझ पर इल्ज़ाम सही है क्या
मेरे चेहरे पर ही पहरा देती हैं...
तेरी आँखों को मेरे सिवा कोई काम नहीं है क्या
और बिना झपकाए पलकें देखती रहती हैं,
और बिना झपकाए पलकें देखती रहती हैं...
दिल को आराम नहीं है क्या
और मुझसे मोहब्बत है तो मुझे दिल में रख,
तमाशा ये इश्क़ का... सरेआम नहीं है क्या
और यूँ तेरा नज़रें मिलाना, देखकर शरमाना... मुझे अपना बताना,
मुझे इतना बता ना...
मोहब्बत में ज़बरदस्ती... हराम नहीं है क्या?

21. इश्क़ और मोहब्बत

मोहब्बत और इश्क़... में... फर्क ज़्यादा नहीं होता,
न मिले अगर महबूब... मोहब्बत पूरी नहीं होती, इश्क़ आधा नहीं होता
होती है मोहताज मोहब्बत मंज़िल की भी,
सफर का भी... इश्क़ में वादा नहीं होता
वजह ढूँढती है मोहब्बत, मोहब्बत करने की,
इश्क़... हो जाता है... कोई इरादा नहीं होता
और बंट जाती है मोहब्बत हिस्सों में भी बहुत,
इश्क़ मगर कभी... कम-ज़्यादा नहीं होता।

www.ingramcontent.com/pod-product-compliance
Lightning Source LLC
Chambersburg PA
CBHW062308240926
51846CB00013B/925
9789375432494